101 cosas que aprendí en la escuela de arte

Editorial Gustavo Gili, SL
Via Laietana 47, 2º, 08003 Barcelona, España. Tel. (+34) 93 322 81 61
Valle de Bravo 21, 53050 Naucalpan, México. Tel. (+52) 55 55 60 60 11

101 cosas que aprendí en la escuela de arte

Kit White

GG®

Título original: *101 Things to Learn in Art School*
Publicado originalmente por The MIT Press, 2011

Traducción: Ana López Ruiz
Diseño de la cubierta: Toni Cabré / Editorial Gustavo Gili
Ilustración de la cubierta basada en *Fontaine* (1917), de Marcel Duchamp.
Ilustración de la contracubierta basada en *Puppy* (Bilbao, 1992-1994), de Jeff Koons.

1ª edición, 5ª tirada, 2018

La Editorial no se pronuncia ni expresa ni implícitamente respecto a la exactitud de la información contenida en este libro, razón por la cual no puede asumir ningún tipo de responsabilidad en caso de error u omisión.

Este libro está compuesto en Adobe Garamond y Gotham Condensed.

Printed in Spain
ISBN: 978-84-252-2597-0
Depósito legal: B-2029-2014
Impresión: Gráficas 94, Sant Quirze del Vallès (Barcelona)

Para Andrea y Philippa, que iluminan mis días.

Nota del autor

El arte es un concepto que nos pertenece a todos. Está presente en todas las culturas. Tome la forma que tome, o sea cual sea el reto emocional, estético o psicológico que plantee, el arte resulta clave en la percepción que una cultura tiene de sí misma. Al desarrollar los contenidos de este libro me he esforzado por tener siempre presente esta cuestión, pues, aunque quizá sus lectores más probables sean los estudiantes y profesores de arte, para emprender la lectura de la presente obra no es una condición indispensable desarrollar una práctica "artística". Las lecciones que extraemos del ejercicio del arte conciernen a casi todas las cosas que experimentamos. El arte no está separado de la vida, el arte es, precisamente, la descripción de las vidas que vivimos. Por ello, este libro está dirigido a todos aquellos a quienes interese el arte y la forma en que este enriquece nuestra existencia.

Aunque los seres humanos llevamos decenas de miles de años produciendo objetos artísticos, la existencia de las escuelas de arte es un fenómeno relativamente reciente. Tradicionalmente, los artistas se formaban en talleres o como aprendices de otros artistas en activo, a las órdenes de un maestro. Pero la escuela de arte contemporánea, como parte de una educación humanística más amplia, es una experiencia completamente distinta que refleja la medida en la que hemos llegado a entender el arte como una extensión de nuestra cultura cotidiana. El arte está por todas partes. Nuestra manera de crearlo, de verlo y de analizarlo está en constante evolución. Es precisamente ese constante desarrollo, esa transformación incesante del arte, la que ha determinado el contenido de este libro. Algunas de las lecciones que incluye tienen que ver con maneras de hacer y de representar, pero otras nos recuerdan la necesidad de buscar, de conocer, de dudar.

Como docente, estoy convencido de que la técnica debe ocupar un lugar importante en la educación artística, porque los artistas son, en esencia, ejecutores. Si conocemos en profundidad los detalles y los procesos que implica su creación entenderemos una imagen o un objeto y las reacciones que desencadena, de manera diferente. Esta es una de las razones por las que enseñar a copiar siempre ha sido parte importante de la formación en Bellas Artes. Los artistas asimilan toda una gama de datos psicológicos, estéticos, políticos y emocionales, para luego crear formas con las que organizar y dar sentido a esos datos. La tarea requiere habilidad y práctica, una combinación de inteligencia y observación aguda. Pero si se carece de las herramientas que permiten crear esas formas el ejercicio resulta tan frustrante como tratar de contener aire en una red… y a menudo igual de inútil. Disponer de las habilidades básicas para la creación de formas permite al estudiante tender el puente que conecta la idea y su materialización. Como la mejor manifestación de las ideas artísticas son las obras de arte que ya existen, he elegido ilustrar las lecciones que componen este libro con imágenes basadas en obras de arte históricas y contemporáneas —a fin de acompañar cada idea, lección o concepto de su correlato visual o de la imagen oportuna—. Los dibujos, con sus imperfecciones y distorsiones, son míos. Así sirven para demostrar aquello de lo que tratan la mayor parte de los textos: cómo aprendemos observando e intentando plasmar ideas que a menudo ya han sido ejecutadas con éxito por otros artistas con anterioridad. Si estos dibujos consiguen ilustrar lo difícil que resulta reproducir la sutileza y los matices de las imágenes de otros artistas, sirvan de humilde reconocimiento de la diferencia que existe entre el resultado de una auténtica obra de arte y el de una copia. Estas imágenes no pretenden en ningún caso sustituir a los originales en los que se basan, a excepción de mis propias creaciones, ni tampoco implican que sus autores compartan mis afirmaciones. Son meras referencias visuales a artistas, ideas y obras que creo que los estudiantes de arte deben conocer y que otras personas pueden querer tener en cuenta. No obstante estas salvedades, agradezco que tantos de los artistas cuyo trabajo represento aquí hayan expresado su comprensión y aprobado mi tentativa, y en ese sentido, valoro su disposición a colaborar con mi proyecto.

Cuando estudiaba Bellas Artes, nunca imaginé que terminaría dedicándome a la docencia. Me preocupaba exclusivamente llegar a hacer cosas. En aquella época, mis sentimientos reflejaban la máxima atribuida a George Bernard Shaw que reza: "Quien puede, hace; quien no puede, enseña". Sin embargo, tras un par de décadas en activo, descubrí que todos esos debates críticos iniciales que surgían de la necesidad de saber y la pasión por hacer cosas pasaban a ocupar una parte cada vez menos importante de las conversaciones que mantenía con mis colegas del mundo del arte. Echaba de menos el ejercicio de volver a donde empecé, de reconsiderar las premisas más básicas, de plantearme de nuevo las primeras preguntas. A medida que la posibilidad de adquirir nuevas perspectivas en cada recodo del camino se complicaba y se alejaba empecé a reflexionar sobre las cuestiones que debatíamos en la escuela de arte y sobre las razones por las cuales aquellas conversaciones nunca debieron haber cesado. Las cuestiones que nos planteamos cuando somos estudiantes de arte son lecciones vitales que deberíamos atesorar siempre. Sin ellas, dejamos de ser estudiantes de la vida.

Kit White
Marzo de 2011

Agradecimientos

Hasta que Roger Conover me sugirió que lo hiciera no barajé la idea de escribir este libro. En principio, la idea me parecía tan imposible como estimulante. Tuve mis reticencias hasta que, tras meses de hacer anotaciones, el proyecto cobró vida propia y sus posibilidades empezaron a intrigarme. Este libro es el resultado de numerosas conversaciones y debates con Roger, en persona y a distancia, durante varios años. A lo largo de este tiempo, su convicción y su apoyo han hecho de la nuestra una auténtica colaboración. Quiero extender un agradecimiento especial a Andrea Barnet, cuyo leal hombro me ha acompañado siempre; también a William Fasolino, que con su ejemplo me enseñó qué es ser un maestro dedicado y me dio mi primera oportunidad de enseñar; a Donna Moran, que me abrió muchas puertas; a mis lectores: Kurt Andersen, Jack Barth, Pier Consagra, Patricia Cronin, Rochelle Gurstein, Deborah Kass, Dana Prescott y David True; a William Strong, que me orientó con las sutilezas de los derechos de autor; a Deborah Cator-Adams, que garantizó la cohesión del texto con su dedicación y atenta observación; a Yasuyo Iguchi, por el elegante diseño; a Janet Rossi, que coordinó la producción del libro; a Anar Badalov, que respondió a todas mis preguntas antes incluso de que terminara de formularlas; y, sobre todo, a todos mis alumnos, que me han enseñado mucho más de lo que yo les he enseñado a ellos.

101 cosas que aprendí en la escuela de arte

En el estilo de Marcel Duchamp

Cualquier cosa puede ser una obra de arte.

No está definido por el soporte o los medios de producción, sino por la aceptación colectiva de que pertenence a una categoría de la experiencia que hemos llegado a denominar "arte".

En el estilo de Jean Baptiste Carpeaux

2

Aprende a dibujar.

El dibujo no es solo una herramienta para captar y representar parecidos. Es un lenguaje con una sintaxis, gramática y urgencia propias. Para saber dibujar hay que aprender a mirar. En ese sentido, el dibujo es una metáfora de toda actividad artística. El dibujo, en cualquiera de sus formas, traduce la percepción y las ideas en imágenes y nos enseña a pensar con la mirada.

En el estilo de Giorgio Morandi

"Volver a las cosas mismas es volver a ese mundo anterior al conocimiento del que el conocimiento habla siempre."

—Maurice Merleau-Ponty, *Fenomenología de la percepción*

Todo lo que sabemos lo aprendemos del mundo que nos rodea. El arte estudia el mundo en todas sus manifestaciones para después plasmar no solo nuestra manera de mirarlo, sino también nuestra manera de reaccionar ante lo que vemos, y lo que llegamos a conocer a resultas de nuestra mirada. El mundo es la fuente de todas nuestras relaciones, tanto sociales y políticas como estéticas. El arte es una parte del mundo, no un aparte del mundo.

En el estilo de Robert Smithson

4

El arte es el resultado de un proceso.

Ya sea conceptual, experimental, emocional o formal, el tipo de proceso que desarrolles determinará la imagen que crees. Los materiales que elijas, los métodos de producción y las fuentes de las imágenes deben reflejar los intereses al servicio de los que vas a poner tu atención. El proceso no concluye al dar por terminada una obra, es continuo. La obra de un artista, en sentido amplio, es el resultado acumulativo de ese proceso.

En el estilo de Edouard Manet

5

Una ilustración (o un cuadro, o una fotografía...) es, antes que nada, la expresión de los medios que utiliza.

Los medios técnicos son la primera identidad de la obra de arte. La segunda tiene que ver con aquello que representa. La forma moldea el contenido. Una imagen mal ejecutada resulta insignificante. Una imagen bien construida de algo aparentemente insignificante puede llegar a ser una obra maestra. En todas las grandes obras, el tema es inseparable de los medios con los cuales se representa. Es preciso dominar la técnica para salvaguardar los contenidos.

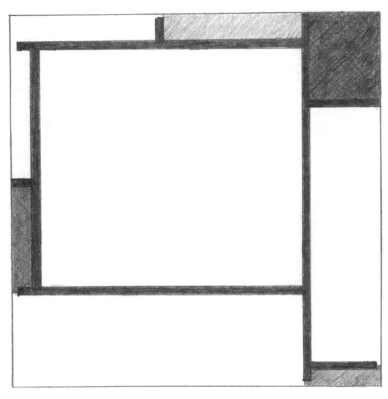

En el estilo de Piet Mondrian

La composición es la base de la creación de imágenes.

La composición es la relación espacial entre todas las partes de una imagen. Ya se trate de un dibujo, un cuadro, una escultura, una fotografía, un vídeo o una instalación, la composición de la obra determina su apariencia, las sensaciones que transmite y su significado. Las variantes de una composición, como las de una melodía musical, son infinitas.

En el estilo de J. M. W. Turner

7

"La tradición es el inventario de la experiencia imaginativa."

—Kathleen Raine, *Blake and Tradition*

No es lo mismo tradición artística que arte "tradicional". La primera es el inventario de una exploración; la segunda es el producto de solo una parte de esa exploración, circunscrita a un momento y un lugar concretos. El arte describe el mundo en el que se inscribe. Ahí reside su valor. Nos cuenta dónde hemos estado y dónde estamos.

En el estilo de la escultura griega del siglo IV a. C.

8

El arte es un diálogo en curso que se prolonga durante miles de años.

Tu obra será tu contribución a ese diálogo. Por ello, debes conocer lo que ha ocurrido antes y lo que se ha dicho en la conversación que te rodea. Intenta no repetir algo que se haya dicho ya. Estudia historia del arte y presta atención al diálogo de tu época.

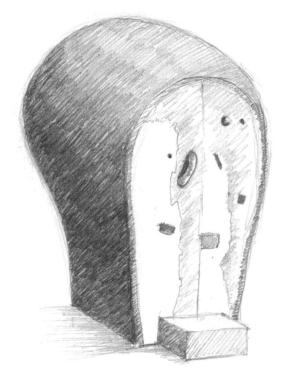

En el estilo de Martin Puryear

El arte es una forma de descripción.

La forma es el modo en el que algo se describe, y lo que se describe es el contenido. Cuando estés ante la obra, pregúntate: "¿Qué describe?". Y a continuación: "¿Qué forma debería adquirir esa descripción?". Sé flexible a la hora de seleccionar los medios con los que vas a trabajar, pues deben adecuarse a tus respuestas. Elige la forma más apropiada para el contenido.

En el estilo de Andy Warhol

10

El arte no es la expresión del yo.

Es la manera en la que el yo expresa todos los elementos de la cultura que lo ha moldeado. Filtramos la información de nuestro entorno —la que proviene de nuestras familias, de nuestras comunidades, de las miles de fuentes que nos bombardean a diario—. Nosotros no creamos esa información, esa información contribuye a crearnos. A fin de entenderla empezamos a interpretarla y describirla, para nosotros mismos y para los demás. En eso consiste el impulso artístico. Incluso aquellas obras que son producto de la más pura imaginación beben de fuentes ajenas a nosotros mismos. Conoce tus fuentes.

En el estilo de Meret Oppenheim

11

"Todo arte es completamente inútil."

—Oscar Wilde

El arte no es utilitarista y, en caso de que lo sea, quizá no sea realmente arte. El arte no cubre una necesidad práctica en nuestras vidas, pero esto no significa que no sea vital o necesario. Nuestra identidad individual y también nuestra identidad colectiva como cultura no sirven a un propósito claro, pero tienen una influencia capital en nuestra capacidad para funcionar como sociedad.

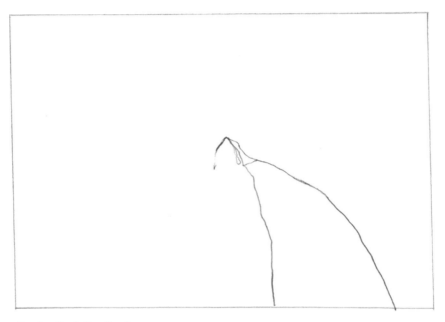

En el estilo de Jan Groth

12

La percepción es una acción recíproca.

Cada espectador acompaña su mirada con un cúmulo particular de reacciones conscientes o inconscientes que afectan a su respuesta al estímulo visual que se le ofrece. Es ahí donde reside la belleza de las imágenes, incluso en sus versiones más minimalistas —como una simple línea—. Cualquier marca, mancha o dibujo adquiere vida propia y acumula sentido al ser observada por el espectador. Los espectadores activan aquello que perciben. Se puede controlar la imagen, pero no la reacción a la imagen.

En el estilo de Kara Walker

13

Cada generación tiene la oportunidad de reinventar el arte a su imagen y semejanza.

Como el arte es un acto descriptivo es inevitable que lo que describe refleje el sesgo del momento que vive cada generación. El arte no es el reflejo estricto de una época sino una interpretación de la misma expresada en un lenguaje en permanente transformación.

Ceci n'est pas une pipe.

En el estilo de René Magritte

14

Toda imagen es una abstracción.

Incluso las fotografías. Nunca son aquello que representan; son la re
producción conceptual o mecánica de algo que ha quedado atrás. Esto
puede parecer una obviedad, pero tiene mucho que ver con el modo en
el que percibimos y utilizamos las imágenes. En cuanto que composicio-
nes simbólicas de formas, reconocibles o no, las imágenes son siempre
metáforas. La metáfora es el medio del lenguaje simbólico y además el
lenguaje del arte. El realismo en arte nunca es tal. Cuanto más elevado
el arte, mayor la ilusión.

15

"Lo subconsciente es aquello que conocemos, o hemos experimentado, pero para lo que no disponemos de un nombre."

—Walker Percy, *The Message in the Bottle*

Las imágenes son tanto catalizadoras como cognitivas. De ahí su singular poder y la razón por la cual, a lo largo de la historia, se les han atribuido propiedades peligrosas y mágicas. Las imágenes pueden quedar almacenadas en la memoria como una experiencia.

En el estilo de Cristopher Wool
["Vende la casa vende el coche vende a los niños"]

16

Las palabras son imágenes.

Hay un poder inherente a todo aquello que percibimos visualmente. La palabra escrita es tanto un símbolo como un catalizador cognitivo; encarna al mismo tiempo la imagen y la idea. Pero las palabras también evocan imágenes que existen solo como ideas u objetos no materiales. Algunas ideas son más potentes si no se llevan al plano material y existen únicamente como experiencias efímeras, fugaces. Los conceptos tienen forma.

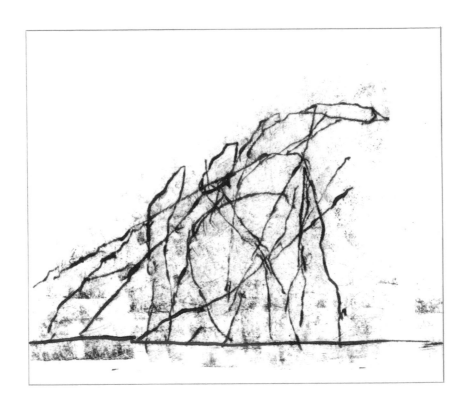

Dibujar consiste en hacer signos.

Todo signo tiene un carácter y una calidad determinados. Todo signo es una firma. Las variaciones en la presión y en el peso son el equivalente visual de la entonación. Si se disponen signos o líneas de peso o grosor constante alrededor de una figura u objeto, la imagen adquiere un aspecto más plano. Estrechar o interrumpir una línea curva puede resaltarla o dar una sensación de flujo. Una línea provisional da la impresión de serlo. Debes conferir autoridad a cada signo y cada línea y asegurarte de que lo haces con una finalidad. Intenta emplear únicamente los signos que necesites.

En el estilo de Philip Guston

18

"Trabajas para desprenderte de lo que sabes."
"Quiero acabar haciendo algo que me
desconcierte durante un tiempo."

—Philip Guston, *The Poem Pictures*

19

La figura humana es una construcción compleja, compuesta por un marco rígido recubierto de músculos flexibles, elípticos, alargados.

Los principales volúmenes del cuerpo humano pueden describirse con una serie de elipses interconectadas. En un cuerpo no hay líneas rectas. Su disposición es simétrica. Cuando esboces una figura, intenta hacerlo a partir de una serie de óvalos superpuestos, así te aseguras de que la figura mantiene su volumen, su redondez en el espacio. Esa redondez es común a la mayor parte de los objetos de la naturaleza.

20

La claridad de miras repercute en la claridad artística.

La observación es una parte central del proceso artístico. La capacidad de observar tiene una importancia clave, tanto si tu obra imita la naturaleza como si expresa un constructo mental. Solo si vemos lo que tenemos delante seremos capaces de describirlo. Cuando observes algo, acostúmbrate a desechar las ideas preconcebidas y las interpretaciones ajenas. Intenta ver lo que tienes delante, no lo que crees que ves o lo que quieres ver.

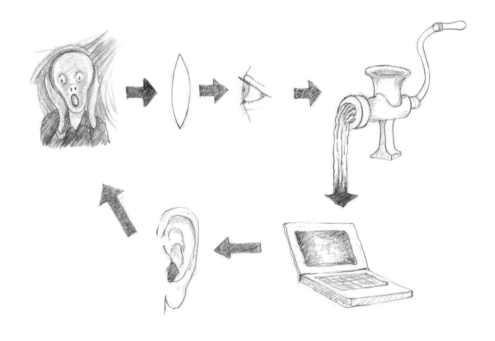

21

La mayor parte de nuestras experiencias están mediatizadas.

La mayor parte de la información que nos llega ha sido manipulada, editada y distorsionada por cuestiones políticas, intereses comerciales, costumbres o por el propio medio a través del que se nos ofrece. La experiencia original pasa a menudo a un segundo plano debido a los múltiples niveles de intervención. Diseccionar esas influencias es uno de los retos clave que plantea la observación. El arte es, en sí mismo, una forma de mediación.

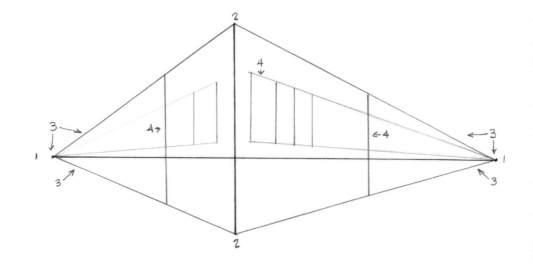

22

Aprende a dibujar en perspectiva.

Dibujar en perspectiva es una de las pocas habilidades que pueden adquirirse siguiendo una fórmula. Dominar la técnica es fundamental para la recreación del espacio y es un elemento clave en todo tipo de representaciones. Los dos tipos más básicos de perspectiva son la paralela, con un solo punto de fuga, y la oblicua, con dos puntos de fuga. Los "puntos de fuga" se sitúan en el horizonte, en el que convergen todas las líneas paralelas. La perspectiva paralela es aquella en la cual el punto de fuga se sitúa justo frente al observador (como cuando se mira de frente la vía de un tren). La perspectiva oblicua es la que resulta de mirar transversalmente un objeto en el espacio, de modo que desde nuestro punto de vista se contemplen dos o más de sus lados.

1 Sitúa el horizonte (al nivel de tu mirada).
2 Establece la altura vertical del objeto más cercano a ti.
3 Sitúa el (o los) punto(s) de fuga y traza líneas que unan esos puntos con las líneas que establecen la(s) altura(s) vertical(es).
4 Completa el resto de los elementos verticales y asegúrate de que todos los elementos horizontales quedan conectados al punto de fuga.

En el estilo de la pintura del periodo Song del Sur

23

No todas las imágenes funcionan con el mismo tipo de perspectiva.

La pintura asiática emplea la perspectiva progresiva y, a la vez, la proyección axonométrica: líneas paralelas con ángulos de treinta grados pero sin puntos de fuga. Se trata de un sistema no lineal basado en conceptos y convenciones más que en la ilusión espacial del trampantojo. Como tal, obedece al hecho de que toda descripción visual es una forma de abstracción.

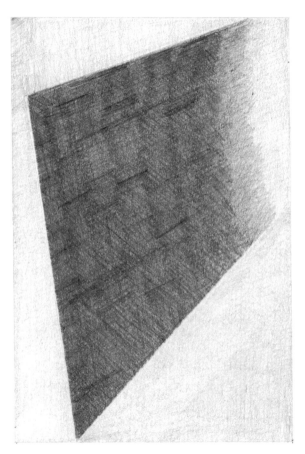

En el estilo de Kazimir Malévich

24

Todo arte es político.

Las decisiones que tomes a la hora de representar algo y el medio que elijas para hacerlo serán siempre susceptibles de ser interpretados en función de sus implicaciones políticas. La elección de vaciar una obra de todo contenido social explícito dice tanto del mundo del autor y de sus aspiraciones como una obra que aspire abiertamente a lograr objetivos políticos. Todo arte refleja una toma de posición —tanto por omisión como por adhesión—. El mundo que describe tu obra es el mundo que tú, como creador, promueves.

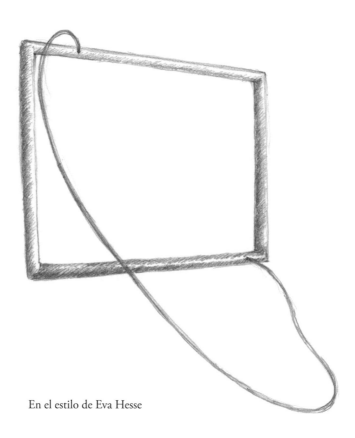

En el estilo de Eva Hesse

25

El estilo es consecuencia de haber representado algo de la manera que mejor se adecue a su contenido.

No tiene que ver con el largo de la falda, ni con la floritura decorativa gratuita que se añade para modificar o embellecer una imagen. El estilo surge al decir lo que hay que decir de la manera más adecuada de la que el creador es capaz. El buen estilo emerge como una necesidad de lo representado, nunca es el resultado de una decisión premeditada.

En el estilo de Arshile Gorky

26

La abstracción surge del mundo.

Es más una suma que una síntesis. El mundo material nos inculca imágenes y patrones desde el momento en que abrimos los ojos por primera vez. La composición, la armonía, la proporción, la luz, el color, la línea, la textura, la masa, el movimiento, todo forma parte del vocabulario que asociamos con la vista. A la hora de componer o enmarcar imágenes recurrimos a ese vocabulario y a los patrones que lo acompañan. Los elementos comunes que nos permiten responder a las imágenes, incluso a las que son abstractas, hunden sus raíces en nuestra habilidad para reconocer las infinitas manifestaciones del mundo físico y los constructos mentales con los que estas se corresponden.

En el estilo de Myron Stout

27

Figura y fondo.

La mayor parte de las imágenes, también las abstractas, contienen una figura, el objeto (u objetos) de interés, y un fondo, el espacio en el que se inscriben esos objetos. Esto también sucede con los vídeos y películas. La relación entre figura y fondo es la herramienta compositiva más básica y describe al cerebro las circunstancias más elementales de cualquier imagen.

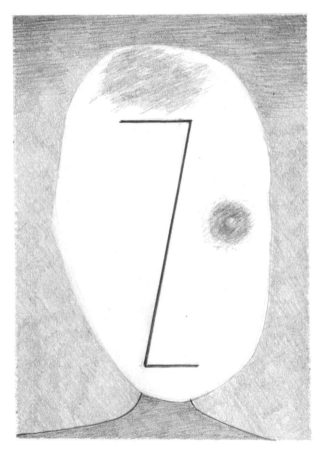

En el estilo de Paul Klee

28

Una idea solo es buena si lo es su ejecución.

Es importante dominar el medio en el que se trabaja. Una obra mal realizada puede echar a perder una buena idea o hacer de su lamentable ejecución el centro de atención. Por otro lado, una técnica muy pulida puede enmascarar la falta de contenido o terminar por eclipsar la imagen. A la vez, la tosquedad o la imprecisión tienen su importancia en toda representación, pero solo podemos plantearnos la posibilidad de renegar de la técnica una vez que hemos logrado dominarla a la perfección.

En el estilo de Willem de Kooning

29

"La concepción no puede preceder a la ejecución."

—Maurice Merleau-Ponty, *Sentido y sinsentido*

El arte es un proceso de descubrimiento a través de la creación y, normalmente, nuestra capacidad para explorar es mayor que nuestra capacidad para inventar. Piensa en tu proceso de trabajo como una forma de viaje. Busca aquello que no conoces, aquello que se te revela o que queda al descubierto inadvertidamente. Es más fácil encontrar un mundo que crearlo.

En el estilo de Ad Reinhardt

30

Por cada hora de creación, dedica otra a la reflexión y la observación.

Las buenas obras de arte se nos desvelan como tal muy lentamente. Solo tras horas de observación se puede juzgar el impacto total de una obra.Por eso es buena idea alejarse de lo que uno está haciendo durante intervalos regulares. La impresión inmediata que te causa una obra al reencontrarte con ella es clave. Una buena obra de arte debería resultar tan satisfactoria en ese reencuentro inmediato como tras largos periodos de observación concienzuda. Si una obra no logra su objetivo en ninguno de esos dos acercamientos, hay que seguir intentándolo hasta sentirse satisfecho y lograr que supere ambos escrutinios.

En el estilo de Cy Twombly

31

Lo que ocurre en el estudio debe ser una conversación, no un monólogo.

Es una conversación entre tú y la imagen que estás construyendo. Busca la lógica interna de la imagen y date tiempo para responder; intenta no imponer a la imagen ideas que no encajen en la dirección en la que progresa la conversación. Una imagen puede contener información que ha llegado a ella sin que tú entiendas de manera consciente cómo ha sido. Si no estás implicado y alerta, puede que se te escape la ocasión de plasmarla o que tengas que trabajar el doble para lograrlo.

En el estilo de la cultura de Izapa del siglo I

32

El contexto determina el significado.

El espacio social o cultural en el que transcurre un acontecimiento o se sitúa un objeto lo imbuye de un significado determinado. También los medios y soportes arrastran su propia carga histórica y esta enmarca el debate sobre su contenido. El contexto es escurridizo. Una *performance* en una galería puede convertirse en activismo político en la calle. El contexto desdibuja los límites.

En el estilo de Caravaggio

33

El claroscuro es el contraste dramático entre oscuridad y luz en una imagen.

Caravaggio y Rembrandt están considerados los maestros pioneros de la técnica. Además de crear sorprendentes efectos visuales de alta carga emocional, el claroscuro realza la calidad volumétrica de las figuras y los objetos, pues es precisamente el contraste entre la luz y la oscuridad (el contraste de valores) lo que nos permite percibir los volúmenes. El efecto del claroscuro es aplicable tanto a medios artísticos de dimensión temporal como a imágenes estáticas.

TRANSPARENTE   OPACO

34

Los medios translúcidos y los medios opacos funcionan de maneras diferentes.

Los medios translúcidos, como la acuarela y los acrílicos de base acuosa, tienen que usarse de claro a oscuro; las sombras se incorporan en último lugar, y los toques de luz los aporta el blanco del fondo, que permanece intacto o ligeramente cubierto. Un medio opaco, como el óleo, funciona de la oscuridad a la luz. En la pintura tradicional al óleo, un fondo oscuro proporciona sombras de mayor profundidad y los toques de luz se incorporan en último lugar, lo que proporciona profundidad en sentido literal a la superficie, debido a la acumulación de pigmentos. Pintar *alla prima*, sea con óleo o con pintura acrílica, puede alterar esta dinámica, pero, en cualquier caso, los reflejos de la luz suelen añadirse al final.

En el estilo de Bruce Nauman
["El verdadero artista ayuda al mundo revelándole verdades místicas"]

35

"En el arte, la sinceridad no es un valor añadido."

—Robert Storr, conferencia en el Pratt Institute

Una vez que una obra de arte sale del estudio y se enfrenta al resto del mundo, tu sinceridad no tendrá nada que ver con su éxito. Fuera del estudio, tu obra está sola y tiene que expresarse por sí misma sin que tú estés presente para defenderla o justificarla. Un artista sincero puede acabar realizando una obra funesta, y un artista que no lo sea puede, a pesar de ello, llegar a firmar auténticas obras maestras. No trates de defender los defectos de tu obra con alegatos sobre la bondad o la sinceridad de tus intenciones. No forman parte de los criterios con los que la juzgará el resto del mundo.

En el estilo de Frank Stella

No te limites a diseñar: di algo.

Un diseño agradable o atractivo no equivale, por sí solo, al buen arte. El diseño es solo el primer paso en la creación de algo sustancial y convincente. Para lograr resultados, una imagen debe llevarnos más allá de la mecánica de su disposición formal. Debe resultar clave en el marco de un debate más amplio sobre el mundo en el que se inscribe y sobre la genealogía de su propia forma. Las imágenes abstractas (las imágenes más estrechamente vinculadas al diseño en sentido estricto) que resultan más significativas siempre abordan temas que tienen que ver con su época y con la genealogía y el futuro de su forma.

La combinación de varias imágenes que no guardan relación entre sí no necesariamente garantiza la complejidad de la obra.

Un conjunto de imágenes que no guardan relación entre sí dispuestas en un único espacio puede terminar no siendo más que un conjunto de imágenes inconexas que comparten un campo visual. Lo que crea contenido son las relaciones que se establecen entre esas imágenes individualmente consideradas y aquello que describen esas relaciones. El collage y el pastiche se han convertido en un lugar común que no entraña dificultades en la era digital. El interés visual que despierta la yuxtaposición de imágenes no relacionadas entre sí no tiene por qué lograr ofrecer una descripción compleja o una fusión satisfactoria.

En el estilo de Giorgio de Chirico

38

La complejidad deriva de la presencia de lo contradictorio.

El mundo no es simple. Está lleno de complejidad. Es natural sentir el impulso de eliminar las contradicciones que genera esa complejidad, pero la simplificación puede suponer la recreación de unas circunstancias falsas y, por tanto, llevarnos a formular descripciones incompletas. Asume los elementos irreconciliables entre sí, las contradicciones. Forman parte de todo retrato de un momento.

39

La forma no tiene límites.

Hasta que la definamos es la posibilidad en estado puro. La forma mantiene una relación antagónica con la informidad. La disolución de la forma no solo es potente como estrategia compositiva, también lo es desde el punto de vista metafórico. La forma cubre la necesidad de plasmar una idea o una percepción. Lo informe cuestiona precisamente esa necesidad y nuestro sentido de la inmutabilidad de las cosas tal y como las conocemos. La forma es un recipiente. Puede estar abierto o cerrado. En el estilo de Ana Mendieta

En el estilo de Ana Mendieta

40

La creación artística es un acto de descubrimiento.

Si solo atiendes a aquello que ya conoces, puede que no estés haciendo bien tu trabajo. Cuando das con algo nuevo o te sorprendes a ti mismo, te adentras en un proceso del descubrimiento.

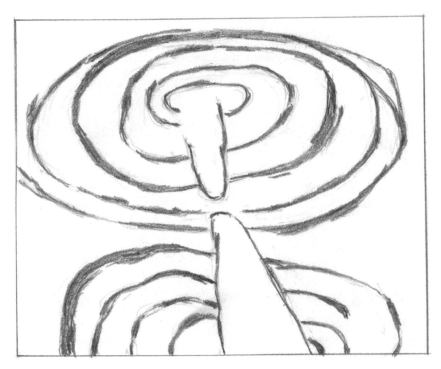

En el estilo de Louise Bourgeois

41

Es la porosidad, no la solidez, lo que ahora define nuestra visión del mundo.

Antes del siglo xx, el mundo se pensaba como una interacción espacial de objetos sólidos. Pero actualmente vemos el mundo como un compuesto de patrones inestables, membranas porosas y estados de fusión. Las microondas son capaces de atravesar tanto nuestros cuerpos como anchos muros de mampostería, las ideas migran del ámbito público al privado, del estudio a la tienda, de un medio a otro. La contención, ya sea informativa o material, conceptual o emocional, requiere esfuerzo. Ahora nuestro mundo es poroso a todos los niveles posibles.

En el estilo de Vito Acconci

El arte no tiene más fronteras que las que imponen las necesidades del autor.

Las fronteras son simplemente una forma de definición. Son una manera de establecer una jerarquía de inquietudes, intereses y prioridades. Las fronteras cambian constantemente. Y esto tiene que ver con el cometido del arte. Al acotar un ámbito de interés o establecer una nueva prioridad, el arte nos permite crear nuevas definiciones de nosotros mismos y del contexto en el que nos desenvolvemos. Desdibujar una frontera es hacer más difusa una definición. Mover una frontera significa reformular una definición.

En el estilo de Allan McCollum

43

Un *simulacro* es una imitación que tiene la apariencia pero no la sustancia de aquello que le sirve de modelo.

La realidad virtual y las experiencias virtuales se basan en simulacros. La política y el consumismo también. La mayor parte de los actos que consideramos comunicación y, en gran medida, la mayor parte de los objetos que acumulamos y consumimos son copias de algo que nunca llegaremos a experimentar en su versión original. La desconexión entre lo que conocemos como una imagen y aquello que experimentamos, materialmente o de facto, constituye buena parte de lo que debe ser la descripción del mundo que conocemos. Analizar ese desfase es una de las tareas esenciales que trae consigo la descripción del mundo que nos rodea.

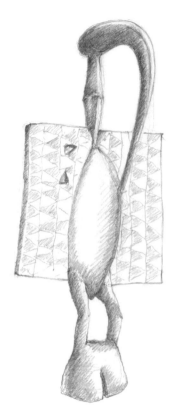

En el estilo de los pájaros senufo del siglo XIX

El cerebro humano está configurado para reconocer patrones.

Tiene la capacidad de distinguir entre las decenas de miles de variaciones de la expresión facial, que se caracteriza por diferencias mínimas dentro de un conjunto limitado de rasgos. El cerebro busca lo que ya conoce. Esto tiene un lado positivo y uno negativo. Hace posible la creación de imágenes reconocibles con medios muy rudimentarios. Pero también dificulta la recreación del mundo como un lugar nuevo o que no nos resulte familiar. Lograr crear una imagen que sea lo suficientemente diferente como para eludir el reconocimiento cerebral de determinados patrones y forzarlo a reevaluar su significado constituye un reto para cualquier artista. Lograr que lo familiar deje de resultárnoslo es una de las claves de la formulación de un nuevo lenguaje visual.

En el estilo de Wassily Kandinsky

45

Fíate de tu intuición cuando estés trabajando en una obra y de tu intelecto cuando vayas a analizarla.

Para lograr una obra espontánea e ingeniosa conviene apelar sin inhibiciones a un nivel cognitivo más profundo de lo habitual. La intuición no es cosa de magia; se trata, simplemente, de un sistema de evaluación que opera sin dejar rastro en la consciencia de manera inmediata: aplica el conocimiento subliminal y permite que se introduzcan en la obra elementos no filtrados, desacostumbrados, desconocidos. Una vez ahí, puedes valerte de tu capacidad de análisis racional para tratar de descubrir lo que has hecho. Llegado a ese punto, siempre puedes decidir enmendarte, pero no corrijas o descartes lo que aún no existe.

Celebra cada "feliz accidente".

Todas las formas de pintura, fotografía analógica, escultura, grabado y demás formas de producción no mecanizada pueden dar resultados no buscados. Si tras aplicar la pintura base descubres un efecto espectacular, o si de un contratiempo en el estudio surge una posibilidad excepcional, adopta el accidente e incorpóralo a la obra. Explota las consecuencias inesperadas de la experimentación y el proceso. Si lo ves, hazlo tuyo.

En el estilo de Henri Matisse

47

"La importancia de un artista la determina la cantidad de nuevos signos que introduce en el lenguaje artístico."

—Henri Matisse, citado por Louis Aragon en *Matisse*

El arte es un lenguaje de signos y símbolos. Para describir nuevas circunstancias hay que crear nuevos signos o reutilizar viejos símbolos de forma que adquieran nuevos significados. Puesto que el mundo está en constante cambio y cada nueva generación describe a su manera el mundo que ve, el lenguaje de símbolos que es el arte debe estar en constante evolución. El lenguaje es influencia.

En el estilo de Chaim Soutine

48

La *factura* es el modo en que un cuadro, un dibujo o un objeto está elaborado.

Es la combinación de las pinceladas, las marcas, el material y la textura de la superficie. El éxito de cualquier objeto depende de su factura. Gran parte de la fascinación que generan las cosas que están producidas manualmente deriva de todo lo que podemos observar si las estudiamos de cerca. Esa cercanía nos revela la base, el tacto, la sensualidad y la comprensión de los materiales que confiere a los objetos artísticos su carácter esencial.

En el estilo de Susan Rothenberg

49

Si eliges un medio opaco, aprende a mezclar los colores en la superficie de la imagen.

Mezclar los colores en la paleta o en la mesa antes de aplicarlos a la obra puede producir un efecto plano o de coloreado. Aprende cómo reaccionan los colores al mezclarlos unos con otros, y aplica ese conocimiento al combinarlos en la superficie de la obra a la vez que trabajas la imagen. Si se mezclan demasiados colores se obtiene algo parecido al fango, experimenta con los efectos de las mezclas de color. Así darás a la imagen un aspecto más espontáneo y fresco y añadirás volumen a lo que estés representando.

En el estilo de Francis Picabia

50

El *formalismo* hace referencia al hecho de juzgar una obra de arte en función de los elementos que componen su lenguaje visual (la forma, la línea, el color, la composición).

Una obra abstracta, que tenga como único tema los elementos a partir de los que se construye, es el ejemplo por excelencia de obra formalista. Pero las obras naturalistas que representan temas reconocibles o alegorías también pueden ser formalistas si su importancia reside en la presentación formal más que en el contenido. Las alegorías, cuyas historias suelen ser las mismas aunque las firmen artistas diferentes, se analizan a menudo desde el punto de vista formal, pues el contenido no varía. La máxima clásica que resume la ortodoxia formalista es que "la forma es el contenido". El adagio de Marshall McLuhan, "el medio es el mensaje", puede considerarse una vuelta de tuerca a ese mismo concepto.

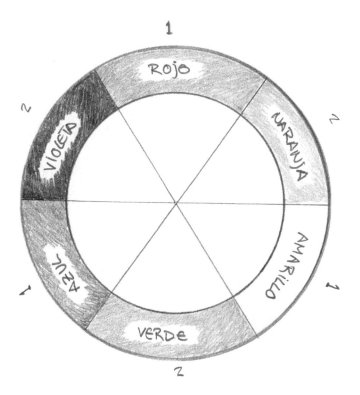

51

Aprende los principios básicos del color.

Hay tres colores primarios: el rojo, el azul y el amarillo. Son las piezas con las que se componen el resto de los colores. Los colores secundarios se componen mezclando dos colores primarios en la misma proporción, son el violeta (combinación de azul y rojo), el verde (azul y amarillo) y el naranja (rojo y amarillo). Todos los demás colores se consideran terciarios, por ser mezclas de un color primario y otro secundario.

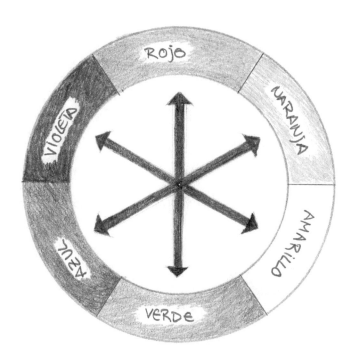

52

Cada color tiene su contrario, se denomina *complementario.*

Los colores complementarios se sitúan en puntos opuestos del círculo cromático. Todos los colores se ven afectados por la presencia de otros colores y la presencia de su complementario, por mínima que esta sea, realzará la intensidad de un color si ambos se encuentran en el mismo campo visual. La presencia del rojo, por ejemplo, induce a la retina a "buscar" el verde entre el resto de colores presentes, destacando todos los tonos comprendidos en la gama del verde. Cuando en una composición quieras dar intensidad a un color concreto, aplica cerca su color complementario. Esto funciona en todo tipo de medios. El uso eficaz del color es una de las herramientas más útiles de las que dispone el artista.

En el estilo de William Tucker

53

La escultura ocupa el mismo espacio que nuestros cuerpos.

Su presencia es distinta que la del objeto bidimensional. La escultura nos desafía y nos planta cara físicamente. No depende de la ilusión espacial presente en la mayor parte de las obras bidimensionales, incluidas las abstractas. La escultura nunca tiene que justificar su verosimilitud. Simplemente es verosímil. La presencia física es una forma de poder.

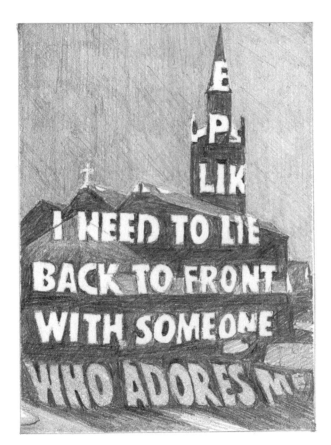

En el estilo de Jenny Holzer

54

El tiempo es un elemento esencial en cualquier medio.

El tiempo interviene en dos cuestiones esenciales: el desarrollo de la forma de la obra y la experiencia del espectador. La duración en tiempo real implica una estructura narrativa o una trayectoria lineal —incluso cuando se trata de obras abstractas— y proporciona información y experiencia en unidades cuantificables (películas, *performances* y vídeos). En esos casos, el espectador se convierte en receptor pasivo. Los medios grabados, el vídeo, la película, los LED, las proyecciones de palabras y las simulaciones por ordenador permiten manipular el tiempo y crear ilusiones temporales. El tiempo es una dimensión.

En el estilo de Paul Cézanne

55

Las Imágenes estáticas suministran de forma instantánea toda la información que contienen.

Pero si se reflexiona, se indaga y se las analiza durante un periodo de tiempo más largo también tienen la capacidad de ir desvelándonos todo su proceso de elaboración, así como la profundidad de su narrativa. Los cuadros resultan especialmente excepcionales en lo que a esta cualidad respecta. El buen arte nunca deja de descubrirnos nuevos detalles. Y aunque la mirada pueda abordar una imagen en su totalidad en apenas un instante, las mejores imágenes revelan sus secretos lentamente. Cuanto más compleja es una imagen, más lenta la revelación.

En el estilo de Richard Serra

56

En toda buena obra, la imagen y el medio son inseparables.

En un cuadro o una ilustración que funcione, cada una de sus marcas tiene una identidad dual, por un lado existe como trazo de pintura y, por otro, como parte de la imagen que dicho trazo crea. El material y la imagen deben ser uno. Una escultura de Serra es el acero del que está hecha. Y se identifica tanto con el acero como con la escultura, sin incurrir con ello en conflicto alguno. El medio debe ser una expresión de la imagen y la imagen debe surgir de ese medio.

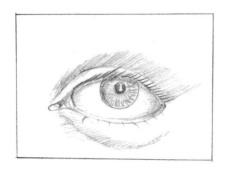 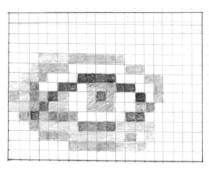

57

El espacio digital, el espacio analógico y el espacio representado a mano tienen características diferentes.

El espacio digital es una abstracción electrónica, creada a partir de un muestreo de información visual traducida al lenguaje binario que después se reconstruye como pura simulación. Gracias a su color adictivo y artificial, a su marcado contraste y a las características de las pantallas en que lo vemos, el espacio digital tiende a considerarse un tanto plano. El espacio representado a mano, por su color sustractivo, su tacto, y la variabilidad de sus efectos, puede ser plano pero también puede dar lugar a ilusiones ópticas convincentes. El espacio analógico, aquel que resulta de filmar películas, tiene diferentes características debido a las distorsiones de las lentes empleadas durante el rodaje. Debes conocer bien las características y las calidades de cada uno de estos espacios y usarlos para lograr el efecto que mejor se adecue a la imagen que te propones componer.

En el estilo de Edgar Degas

58

La fotografía cambió para siempre nuestro sentido de la composición.

La cámara y su visor, que nos permite acotar un fragmento del mundo, cambiaron nuestra relación con el marco. Entender que el marco es artificial y que el mundo continúa más allá de sus límites afecta al modo en el que componemos imágenes. Pintores como Degas cortaron figuras y objetos con el marco, dando a entender que parte del contenido quedaba fuera de nuestra visión de la imagen. Esto supuso un cambio radical con respecto a la imagen centrada de la pintura tradicional, en la que el espacio que se situaba dentro del marco actuaba como metáfora del mundo. Ahora vemos los márgenes de los cuadros como algo vital y activo desde el punto de vista compositivo, ya no nos parecen inertes o arbitrarios.

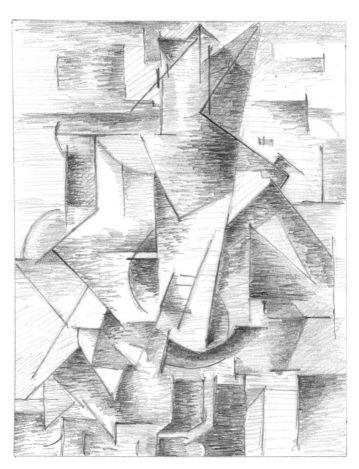

En el estilo de Pablo Picasso

59

El espacio representado puede ser continuo o discontinuo.

El espacio continuo, o tradicional, hace una lectura lógica del mundo tal y como lo percibimos y depende de la ilusión y la visión de conjunto. El espacio discontinuo está fragmentado y no aspira a crear ilusiones. El cubismo y otras formas de espacio plano y abstracto son discontinuos, pues ofrecen espacios diferentes que coexisten en un único campo visual. Esta fragmentación del espacio y su manera de abordar los acontecimientos de forma simultánea pueden considerarse un intento de simbolizar lo que las vanguardias veían como la ruptura del mundo moderno. Hoy hemos dado esto por descontado. Con la total integración en nuestras vidas de medios artísticos basados en la duración, como las películas, la animación y los videojuegos, la virtualidad ha superado la asociación del espacio continuo con el arte tradicional y ha hecho posible una visión del espacio como elemento intercambiable dentro del vocabulario artístico.

UN	LUGAR
UN	MOMENTO
UNAS	CONDICIONES
UN	ACONTECIMIENTO
UNA	PERSONA
UN	PROPÓSITO
UNA	ACCIÓN
UN	RESULTADO

60

La información es un medio.

Por efímera que sea, y aunque carezca de la materialidad del óleo, de una impresión en gelatina de plata o de un pedazo de arcilla, hoy debemos considerar la información como una materia prima a partir de la cual se puede crear arte. No obstante, para que esta llegue a ser algo más que meros datos, hay que ponerla al servicio de unos objetivos, analizarla y utilizarla para lograr una descripción coherente. Piensa en la información como en esa pincelada que te permite ampliar una imagen. A diferencia de los medios físicos, la información es perecedera y puede perder vigencia. Por ello, como el resto de los medios, debe emplearse para plasmar lo metafórico.

En el estilo de Jeff Koons

61

"La vida entera de las sociedades en las que imperan las condiciones de producción modernas se anuncia como una inmensa acumulación de espectáculos. Todo lo directamente experimentado se ha convertido en una representación."

—Guy Debord, *La sociedad del espectáculo*

Hoy en día confundimos la producción con la documentación, el entretenimiento con las noticias, las imágenes o los testimonios con la experiencia directa. El arte opera en este contexto y desempeña un papel clave a la hora de identificar nuestra relación con los espejismos y las actualidades que nos rodean.

En el estilo de Edward Ruscha

62

Ilustración frente a autonomía.

La ilustración es un apoyo visual para un texto o una idea y está subordinada a ese agente de primer orden. El arte, aun cuando pretenda ilustrar una alegoría o un concepto, siempre ha intentado mantener su función como vehículo principal, como forma autónoma que articula el texto. Esta sutil diferencia se ha ido erosionando con el tiempo, pero aún influye en nuestro juicio. Forma parte de la identidad no utilitarista del arte.

DESCRIBE LO QUE VES, ÚNICAMENTE LO QUE VES,
EN TU OBRA; HAZLO COMPLETA Y DETALLADAMENTE.

↓

EVALÚA EL CONTENIDO LITERAL O METAFÓRICO QUE
HA REVELADO TU DESCRIPCIÓN.

↓

RASTREA LAS INFLUENCIAS QUE HAN DADO LUGAR
AL CONTENIDO QUE VES.

↓

EVITA INTERPRETAR LAS COSAS QUE PIENSAS
O SIENTES PERO QUE EN REALIDAD NO ESTÁN
PRESENTES EN LA OBRA.

↓

DESCRIBE CÓMO EL CONTENIDO DE LA OBRA SE
REVELA A TRAVÉS DE SU FORMA Y CÓMO ESA FORMA
ESTÁ, A SU VEZ, DICTADA POR EL CONTENIDO.

↓

TEJE UNA NARRATIVA DIRECTA, PRECISA
Y COHERENTE QUE CUENTE LA HISTORIA QUE TODO
LO ANTERIOR HA DEJADO AL DESCUBIERTO.

63

Aprende a hablar de tu obra.

Esto no solo ayudará al público de la obra a entender cuáles son tus intenciones, sino que es fundamental para que tú mismo entiendas lo que haces. Intenta no interpretar tus propias motivaciones o las implicaciones de la obra. Si lo haces te arriesgas a caer en errores o a adjudicar a la obra ideas que no contiene. La obra es el punto de partida y el punto final de su contenido.

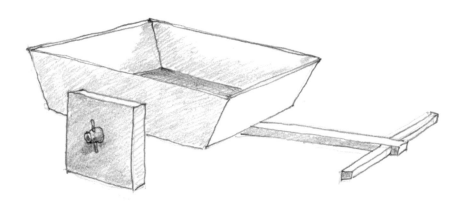

64

El arte es una forma de experimentación.

Pero la mayor parte de los experimentos fracasan. No temas a estos fracasos. Aprovéchalos. Cuando no nos exponemos a la posibilidad de que algo salga mal, puede que dejemos de correr los riesgos necesarios para crecer más allá de las maneras de pensar y trabajar habituales. Los mayores avances de la historia son producto del descubrimiento y no de la premeditación. Los experimentos fallidos nos abocan a revelaciones inesperadas.

En el estilo de Claude Monet

65

Un cuadro debe producir una impresión satisfactoria tanto a una distancia de 30 centímetros como de 3 metros.

Vista de cerca, la factura debe dar fe de la honestidad de la obra y resultar sensualmente satisfactoria. Una superficie abigarrada o mal construida prueba una falta de dominio del medio. Vista a cierta distancia, la composición del conjunto debe revelarse como un conglomerado de información convincente y significativo. Sigue trabajando en el cuadro hasta que supere esta prueba.

66

Son los contrastes de valores los que nos permiten ver las cosas en tres dimensiones.

La potencia de la luz hace posible la percepción de la profundidad gracias a las sombras que arroja. Conforme descienden los contrastes de valores, lo hace nuestra capacidad para percibir la profundidad y los objetos en su totalidad. Al amanecer y al anochecer disminuye nuestra percepción de la profundidad. Para realizar la ilusión de profundidad y el volumen de los objetos conviene acentuar los contrastes de valores, sobre todo entre luces y sombras.

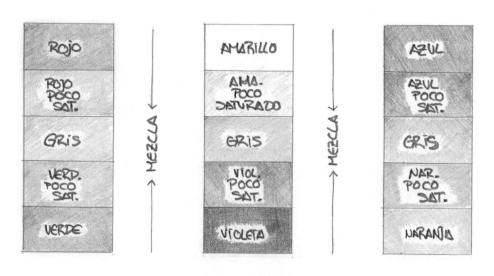

ROJO	AMARILLO	AZUL
ROJO POCO SAT.	AMA. POCO SATURADO	AZUL POCO SAT.
GRIS	GRIS	GRIS
VERD. POCO SAT.	VIOL. POCO SAT.	NAR. POCO SAT.
VERDE	VIOLETA	NARANJA

→ MEZCLA   → MEZCLA

MEZCLAS COMPLEMENTARIAS

67

La saturación es la intensidad o pureza de un color.

El estado más puro de un color se corresponde con su nivel de saturación más alto. Para bajar la saturación de cualquier color basta con añadirle una pequeña cantidad de su color complementario. Los colores que son complementarios entre sí (los opuestos), al combinarse, dan como resultado un gris neutro que se sitúa en el centro del círculo cromático. Los colores de baja saturación son los más complejos, pues están compuestos por muchos colores y cambian en presencia de otros.

68

Las líneas que tienen un peso y una densidad parecidas, los colores de un tono similar o las texturas semejantes tienden a ocupar el mismo plano visual en el espacio y contribuyen a crear una sensación de superficialidad.

Para lograr que los elementos ocupen planos diferentes y contribuyan a crear una ilusión espacial es preciso realzar el contraste entre ellos. Los elementos de colores más llamativos avanzan hacia la superficie, mientras que los de colores más pálidos retroceden. Para crear una sensación de profundidad espacial con el color, reduce la saturación y rebaja el valor de aquello que quieres situar más lejos. A esto se le denomina *perspectiva atmosférica*.

En el estilo de Morris Louis

69

El color no es neutral.

Tiene un componente emocional. Algunos colores se asocian a determinadas cuestiones e inducen respuestas concretas. Conócelos. Cuando apliques color, intenta establecer y comprender la respuesta emocional que acarrea y usarla de forma eficaz. El color tiene un impacto visceral.

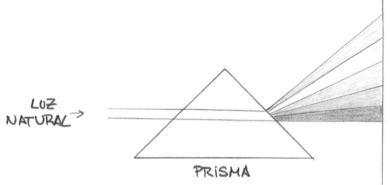

LUZ
NATURAL →

PRISMA

ESTECTRO
COMPLETO
DEL COLOR

70

El color es luz.

La luz es color. Cada rayo del sol contiene todos los colores que somos capaces de ver. Del mismo modo, conforme la luz se desvanece, disminuye la cantidad de colores que somos capaces de percibir. De madrugada, al anochecer o bajo la luz de la luna hay poco color. Por eso la calidad del color está directamente relacionada con la luz que nos la descubre.

REFLECTOR INCANDESCENTE:
LUZ NARANJA/ROSA

FLUORESCENTE:

AZUL/ROSA O LUZ DE
ESPECTRO COMPLETO

HALÓGENO:
LUZ "BLANCA" DE
ESPECTRO COMPLETO

71

La luz con la que trabajas influye en lo que haces.

La luz siempre tiene color y los distintos tipos de fuentes lumínicas influyen no solo en lo que ves cuando trabajas sino también en el aspecto que la obra tendrá a la luz de otras fuentes lumínicas. La luz natural incluye el espectro completo del color, pero la luz incandescente o fluorescente, a excepción de la que está catalogada como "de espectro completo", "colorea" lo que ilumina. Incluso al trabajar en blanco y negro, los valores pueden cambiar dependiendo de la fuente lumínica. Siempre que sea posible, trabaja con fuentes de espectro completo.

En el estilo de Tino Sehgal

72

La experiencia puede funcionar como un objeto.

Tradicionalmente el arte ha estado orientado al objeto. Pero con el sur-
gimiento de las *performances*, las instalaciones, los medios sonoros y los
de duración determinada, las experiencias efímeras y las relaciones pueden pensarse como suplentes de esos objetos que dan cauce al impulso
artístico. Esto se corresponde con la naturaleza fugaz e incorpórea de
gran parte de lo que hoy en día entendemos como objetos en el mundo
simulado de lo digital. Hay que concebir los objetos como pulsos de
energía, como modelos, no solo como volúmenes sólidos.

Object as a protest against
immateriality & ephemerality.

Pollux & Castor

Caerulean

Via Appia
A.'12

73

Lleva siempre encima un bloc de dibujo o un diario.

Las ideas y las imágenes pueden ser fugaces. Es importante capturarlas en el momento en que se te ocurren. Nunca confíes en que una gran revelación vaya a permanecer en tu memoria. Regístrala en el momento en que des con ella.

74

Aprende de tus compañeros de clase.

La gente que accede a la escuela de arte suele tener habilidades muy diversas. Puesto que la observación es una parte central de la práctica artística, observa a tus compañeros. Es el mundo que compartes con ellos y las cuestiones vinculadas a él lo que tienes que describir. Tus compañeros son un recurso inestimable. Imita aquello que hagan bien y aprende tanto de sus errores como de sus aciertos. Esta lección es una de las razones de ser de la crítica. Todos los artistas toman prestado de los descubrimientos y los fracasos de otros.

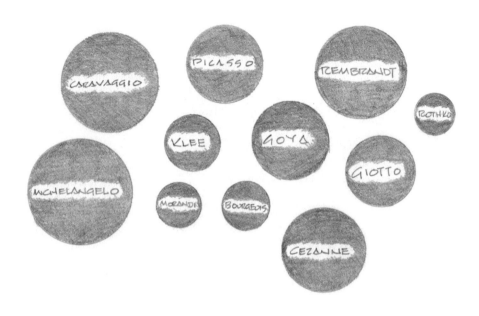

CARAVAGGIO

PICASSO

REMBRANDT

ROTHKO

KLEE

GOYA

MICHELANGELO

GIOTTO

MORANDI

BOURGEOIS

CEZANNE

• ← ASPIRANTE
A ARTISTA

75

La humildad es fundamental para valorar tu obra honestamente.

Una idea o una imagen no son interesantes solo porque nosotros lo consideremos así, o porque nos obsesionemos con ella. Todas las ideas y todas las imágenes deben enfrentarse a la opinión de la sociedad en su conjunto. Esa es una de las mejores oportunidades que ofrece la escuela de arte, la ocasión de someter tus ideas al juicio de personas dotadas para el pensamiento visual. Un exceso de seguridad con respecto a la calidad de tu obra puede llevarte a eludir el necesario esfuerzo para perfeccionar tus habilidades técnicas y tu capacidad de análisis.

76

Evita los clichés y las ocurrencias efectistas.

A no ser que lo emplees con ironía, recurrir a un cliché puede dar como resultado una obra totalmente desprovista de significado. Las ocurrencias o los chistes ingeniosos suelen depender tanto del sentido de la oportunidad como del contenido y pierden gancho si se cuentan más de una vez. Intenta huir de las imágenes manidas, como la del bebé llorando como símbolo de la vulnerabilidad. Los clichés y los chistes garantizan accesibilidad inmediata, pero se desvanecen enseguida.

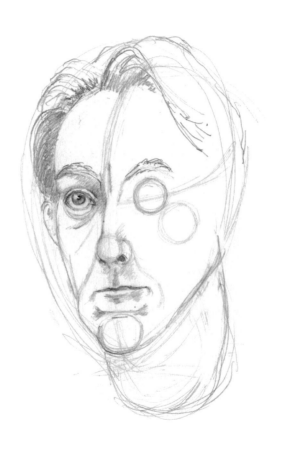

77

El rostro humano no es plano.

Está compuesto por una serie de esferas superpuestas: los ojos, las mejillas, la nariz (compuesta a su vez por tres pequeñas esferas dispuestas al final de una línea vertical), situadas en la cabeza, una esfera más grande y de forma ovalada. Entender esto ayuda a capturar los complejos volúmenes de la cara humana y evitar transformarla en una máscara plana al representarla.

En el estilo de Francis Bacon

78

La historia del autorretrato es larga y rica.

Es una tarea que la mayor parte de los artistas emprenden durante su formacion. Puede desencadenar grandes revelaciones en cuanto al carácter y la técnica del artista, como sucedió en los casos de Rembrandt, Van Gogh y Bacon. Que el autorretrato sea un éxito o un fracaso depende del interés que presente en cuanto imagen; intenta valorarlo así, no como espejo.

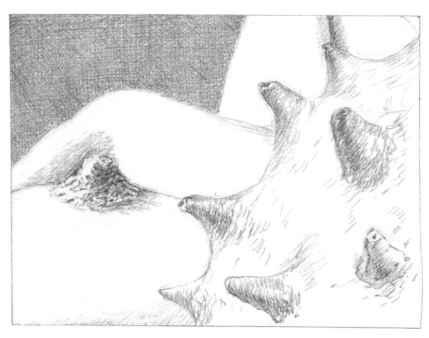

En el estilo de Pipilotti Rist

79

La hibridación define el proceso artístico.

Este proceso describe la polinización cruzada de los campos de estudio, los diversos tipos de experiencias y la naturaleza políglota del mundo globalizado. Para plasmar esta superabundancia de experiencia atomizada, el arte incorpora múltiples medios y puntos de vista, combinándolos con frecuencia. La pureza del medio o del mensaje puede fracasar a la hora de describir el mundo que te rodea.

En el estilo de Hans Hofmann

80

Se puede crear ilusión de profundidad partiendo de imágenes bidimensionales.

En esto se diferencian los medios planos de los objetos o las esculturas. Pero, gracias a la interacción del color y la forma, incluso las imágenes abstractas pueden crear ilusiones espaciales.

En el estilo de Jasper Johns

81

El arte se asimila tanto a través de los sentidos como de la razón.

La aparición de obras conceptuales no ha desplazado la importancia de la incidencia de los sentidos en la capacidad del arte para conmover. La textura se registra visualmente. Las imágenes pueden producir adrenalina, igual que el sonido y el movimiento. La escala determina nuestra aproximación física a un objeto. Aún reaccionamos ante el mundo como animales. Nuestros cuerpos son aparatos sensores.

En el estilo de Urs Fischer

82

El espacio tiene dimensiones sociales y culturales.

Ya sea público o privado, el espacio está vinculado a marcas de uso y puede remitir tanto a un discurso social como a asociaciones de ideas meramente personales. Las instalaciones, al habitar el espacio de manera controlada, modifican y llaman la atención sobre la manera en que el espacio acumula significado y lo transmite a quienes lo ocupan.

En el estilo de Joan Jonas

83

La *performance* es un tipo de proceso, interpretado en tiempo real.

Parte teatro, parte danza y parte acción documental, las *performances* también beben de los elementos formales que tradicionalmente han dominado las artes estáticas —pintura, escultura y arquitectura—: son forma y movimiento representados en el espacio.

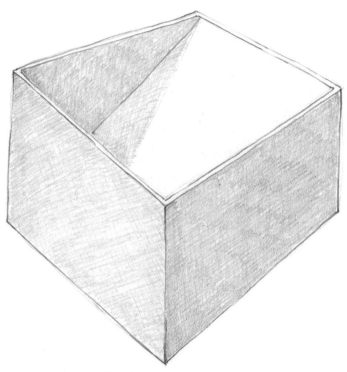

En el estilo de Donald Judd

84

Todo medio es un transmisor de contenido.

Con la enorme atención que hoy suscitan las tecnologías de la información, es fácil que el medio transmisor del contenido eclipse al propio contenido o lo vuelva insustancial. Pero la tecnología se vuelve obsoleta. Intenta que el contenido adopte una posición preeminente, y luego encuentra el medio más efectivo para transmitir ese contenido.

85

El estudio es más que un lugar de trabajo: es un estado mental.

Es la sede de tu actividad y el lugar en el que experimentas y reflexionas sobre los resultados de tu trabajo. Ya se trate de una habitación o de un ordenador, el estudio es el centro neurálgico de tu actividad como artista.

86

La objetividad es, en gran medida, una ilusión.

Hasta los medios de comunicación que aspiran a proporcionar información documentada de manera objetiva están influidos por las preferencias de quien está detrás de la cámara, por un sesgo determinado. Y el contexto en el que operan los objetos artísticos los aleja de toda identidad que pudieran tener en el mundo real. El proceso artístico es subjetivo.

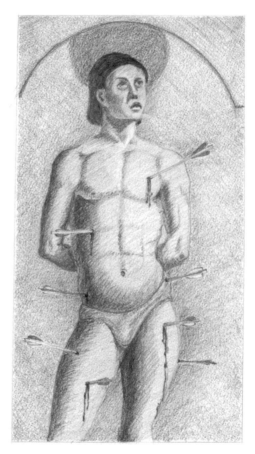

En el estilo de Piero della Francesca

87

Aprende a aceptar las críticas.

La crítica es la base de toda formación artística, y aprender a gestionarla de forma constructiva es una de las lecciones más difíciles e importantes que tendrás que asimilar. Al considerar tu propia obra y la de los demás, intenta, en la medida en que te sea posible, dejar a un lado todo apasionamiento. Estar a la defensiva o sentirte ofendido no te ayudará a mejorar tu trabajo. Es preciso conocer el sesgo de cada uno de tus profesores para poder aprovechar al máximo sus comentarios. Estar en desacuerdo con una crítica no es un error, pero a menos que tu trabajo goce por méritos propios del beneplácito de tus profesores y tus compañeros, la resistencia puede no resultar una estrategia constructiva o útil. Sé valiente en la línea de fuego.

En el estilo de Barnett Newman

88

Entiende las implicaciones de la "falacia intencional".

Una vez que la obra sale del estudio será juzgada por lo que el público encuentre en ella. Si tu intención no queda manifiesta en el cuerpo de la propia obra, no tendrá mucha trascendencia. No vas a estar presente para explicarla y defenderla. El público y la posteridad tienen la última palabra en lo que respecta al significado de una obra.

En el estilo de Josef Albers

89

Elimina lo innecesario.

Toda obra de arte debería contener los elementos necesarios para cumplir con su objetivo descriptivo, pero nada más. Examina las partes "sobrantes" de cada composición. Las buenas imágenes no contienen espacios muertos ni zonas inactivas. Considera la composición en su totalidad y asegúrate de que cada uno de los elementos que mantienes potencia los objetivos del conjunto.

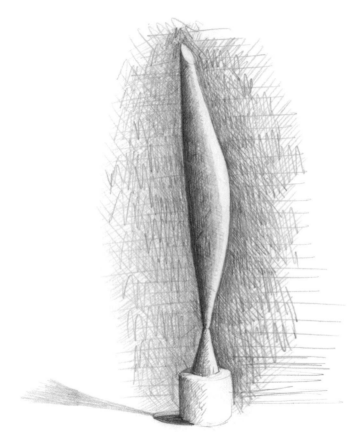

En el estilo de Constantin Brancusi

90

"Se puede condensar, pero no se puede simplificar."

—Ann Lauterbach, conversación personal

El mundo es infinitamente complejo, y ningún intento de simplificarlo, es decir, de eliminar sus elementos contradictorios, logrará capturar esa complejidad. No obstante, se puede intentar comprimir o condensar esos elementos abreviándolos o alterándolos. Esa es la función de la metáfora.

En el estilo de Mark Rothko

91

La escala es un componente esencial de cualquier obra.

Las imágenes o los objetos de menor tamaño que la parte superior del torso humano tienden a operar en el "espacio metafórico". Accedemos a estos espacios, o los habitamos, mentalmente, con la imaginación. Las imágenes o los objetos del tamaño del cuerpo humano o mayores invocan un espacio real, y tendemos a relacionarnos con esos espacios de manera visceral, somática, teatral. Elige la escala de la obra de acuerdo con lo que creas que resultará más efectivo para la imagen y sé consciente de las reacciones que desencadenará esa escala. Una escala poco apropiada puede atenuar o anular la impresión que causa una imagen determinada. Trabaja con diferentes escalas para entender mejor los efectos que tienen sobre la obra.

92

Tras la forma de cada imagen se esconde una metáfora.

Los rectángulos horizontales suponen un horizonte y, por lo tanto, sugieren un paisaje. Los rectángulos verticales desencadenan asociaciones con la perpendicularidad a la tierra del propio cuerpo y, por lo tanto, aluden al espacio de una figura. Un cuadrado es un espacio neutro. Las formas irregulares siguen el mismo principio.

93

Cultiva tu idiosincrasia.

Cada mano, cada ojo, cada cerebro trae sus propias distorsiones de serie. Estas distorsiones constituyen tu firma, tu visión personal del mundo. Cuando asomen en tu trabajo, no tengas miedo de adoptarlas, siempre y cuando no supongan un obstáculo para la consecución de un objetivo más amplio ni eclipsen a los demás elementos que contiene la imagen.

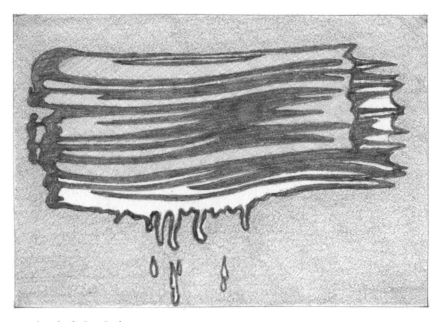

En el estilo de Roy Lichtenstein

94

La ironía ha dominado el panorama artístico contemporáneo desde el final de las vanguardias.

Las obras desprovistas de ironía han encontrado refugio en lo político y lo sociológico, pero son una especie amenazada dentro del contexto del arte formal y visual. Para no dejarse llevar por ninguno de esos dos remolinos hermanos que son la parodia fácil, por un lado, y el sentimentalismo, por otro, conviene llegar a entender de forma clara y significativa el modo en el que la ironía se revela como un factor digno de ser tomado en serio en la actualidad. Como Richard Rorty escribió en su día, es el reconocimiento de "la contingencia de todas las cosas".

En el estilo de Eddie Adams

95

El objetivo de la cámara nos distancia
de la imagen.

El objetivo establece una distancia entre nosotros y aquello que vemos a través de él. Debido a que nos hemos acostumbrado a ver tantas cosas a través del objetivo, gran parte de lo que consideramos "experiencia" está, en realidad, mediada por las características concretas de las lentes del objetivo. Las imágenes extraídas de fotografías o vídeos acarrean esos efectos sutiles de distancia y desapego que crea el objetivo. Sé consciente del modo en que esto afecta a tus imágenes. Si la inmediatez es una de las metas que persigues, puede que tengas que llegar a ella a través de otros medios, como la observación directa.

96

Documenta tu trabajo.

Un buen archivo fotográfico es un signo importante de profesionalidad. La fotografía digital facilita la tarea. Puede que hasta te resulte útil ir registrando las fases de creación de la obra. Un buen sistema de trabajo permite que tengan lugar accidentes o coincidencias felices, de las que es bueno dejar constancia, para evitar trabajar por partida doble hasta que nos percatamos de su valor. Además de actuar como registro de tu propia evolución, también es recomendable disponer de un buen archivo de imágenes para las clases, las solicitudes de becas, las presentaciones a galerías. Un buen archivo de imágenes también es una fuente útil de la que extraer ideas para próximos trabajos.

En el estilo de Richard Prince

97

Toda Imagen que tomas prestada o de la que te apropias lleva consigo unos objetivos determinados.

Esos objetivos pertenecen a su creador original. Cuando combines imágenes que hayas tomado prestadas o que te hayas apropiado con una intención concreta, tienes que tener en cuenta que para hacerlas tuyas debes subvertir sus objetivos originales. Si no, esos objetivos permanecerán y anularán los tuyos.

98

El significado no existe en singular.

Es una transacción entre dos o más mentes conscientes. Tu obra es un intento de tender un puente de comunicación entre tú y los demás. Esa es la razón por la que no existe el simbolismo privado. El significado siempre deriva de la comunicación.

En el estilo de Pierre Bonnard

99

Admira a tus antecesores, pero no trates de hacer carrera repitiendo sus descubrimientos.

La mayoría de los estudiantes llegan a la formación artística tras alguna incursión en el arte profesional o la historia del arte. No hay nada más apasionante que sumergirse en la belleza de las obras de Tiziano, Turner, Rodin o Cézanne, o en la emoción arriesgada del arte contemporáneo. Pero todo estudiante debe recordar que el arte es un campo en el que se trabaja ininterrumpidamente cuyo objetivo es trascender lo que ya sabemos, a fin de explorar y llegar a adoptar lo que aún desconocemos. La razón por la que las obras del pasado resultan eternamente satisfactorias es que ofrecen una visión de un momento concreto de la historia. Todo artista debe hacer lo propio con el momento que le toca vivir.

En el estilo de Vija Celmins

99

Admira a tus antecesores, pero no trates de hacer carrera repitiendo sus descubrimientos.

La mayoría de los estudiantes llegan a la formación artística tras alguna incursión en el arte profesional o la historia del arte. No hay nada más apasionante que sumergirse en la belleza de las obras de Tiziano, Turner, Rodin o Cézanne, o en la emoción arriesgada del arte contemporáneo. Pero todo estudiante debe recordar que el arte es un campo en el que se trabaja ininterrumpidamente cuyo objetivo es trascender lo que ya sabemos, a fin de explorar y llegar a adoptar lo que aún desconocemos. La razón por la que las obras del pasado resultan eternamente satisfactorias es que ofrecen una visión de un momento concreto de la historia. Todo artista debe hacer lo propio con el momento que le toca vivir.

En el estilo de Alberto Giacometti

100

El arte es el medio por el cual una cultura se representa a sí misma ante sí misma.

Esas descripciones, a su vez, conforman nuestra idea de cómo nos vemos en el presente y en relación con el pasado. El arte no nos da de comer, no nos garantiza un techo, no cura nuestras enfermedades físicas, pero tiene una importancia clave en la percepción que tenemos de nuestra propia condición humana. Plasma nuestras ideas y nuestras sensibilidades. El arte identifica y ahonda en la cultura que lo produce y la analiza en relación con otras culturas y otras historias. Nuestro arte es lo que somos. Ese es el oficio para el que os estáis formando.

En el estilo de Vija Celmins

101

No todos los que salen de una escuela de arte llegan a ser artistas de éxito.

Pero la formación que uno recibe en ella le abre caminos capaces de llevarle a cualquier sitio. La escuela de arte te enseña a observar cuidadosamente, a describir con precisión, a encontrar maneras de resolver problemas a través de la experimentación, a mantener una actitud abierta a todas las posibilidades, a aceptar las críticas duras en la búsqueda de algo que aún se desconoce. Son destrezas propias de aventureros, de visionarios, de constructores de un futuro que aún no alcanzamos a comprender.

Ilustraciones

(Todas las ilustraciones son obra de Kit White)

1 En el estilo de Marcel Duchamp, *Fountain,* 1917

2 En el estilo de Jean-Baptiste Carpeaux, *Ugollno,* 1860–1862

3 En el estilo de Giorgio Morandi, *Natura morta,* 1949

4 En el estilo de Robert Smithson, *Asphalt Rundown,* 1969

5 En el estilo de Edouard Manet, *Anguille et rouget,* 1864

6 En el estilo de Piet Mondrian, *Tableau 2,* 1922

7 En el estilo de J. M. W. Turner, *Europa and the Bull,* 1840–1850

8 En el estilo de la escultura griega del siglo IV a. C.

9 En el estilo de Martin Puryear, *Confessional,* 1996- 2000

10 En el estilo de Andy Warhol, *Electric Chair Suite* (serigrafía), 1971

11 En el estilo de Meret Oppenheim, *Le Déjeuner en fourrure*, 1936

12 En el estilo de Jan Groth, *Sin título*, 1975

13 En el estilo de Kara Walker, *Consume*, 1998

14 En el estilo de René Magritte, *La Trahison des Images*, 1928–1929

15 Estudio para *Lift*, 2009

16 En el estilo de Christopher Wool, *Apocalypse Now,* 1988

17 Estudio para *Slope*, 2007

18 En el estilo de Philip Guston, *Head*, 1975

19 Estudio para figura

20 Boceto sin título

21 Ilustración sin título

22 Ilustración sin título

23 En el estilo de la pintura del periodo Song del Sur

24 En el estilo de Kazimir Malévich, pintura suprematista, 1917–1918

25 En el estilo de Eva Hesse, *Hang Up*, 1966

26 En el estilo de Arshile Gorky, *Study for Agony,* 1946

27 En el estilo de Myron Stout, *Hierophant*, 1953–1979

28 En el estilo de Paul Klee, *Mister Zed*, 1934

29 En el estilo de Willem de Kooning, *Pink Angels*, 1945

30 En el estilo de Ad Reinhardt, *Sin título*, 1964

31 En el estilo de Cy Twombly, *The Wilder Shores of Love*, 1984

32 En el estilo de la cultura de Izapa del siglo I (altar)

33 En el estilo de Caravaggio, *Martirio di San Matteo* (detalle), 1599–1600

34 Ilustración sin título

35 En el estilo de Bruce Nauman, *The True Artist Helps the World by Revealing Mystic Truths*, 1967

36 En el estilo de Frank Stella, *Die Fahne Hoch*, 1959

37 Ilustración sin título

38 En el estilo de Giorgio de Chirico, *Ariadne*, 1913

39 Ilustración sin título

40 En el estilo de Ana Mendieta, serie *Silueta*, 1973–1978

41 En el estilo de Louise Bourgeois, *Dibujo*, 1996

42 En el estilo de Vito Acconci, *Seedbed*, 1972

43 En el estilo de Allan McCollum, *Collection of 40 Plaster Surrogates*, 1982–1984

44 En el estilo de los pájaros senufo del siglo XIX

45 En el estilo de Wassily Kandinsky, *Panel for Edwin R. Campbell, núm. 3*, 1914

46 Estudio para cuadro sin título, 2010

47 En el estilo de Henri Matisse, *La leçon de piano*, 1916

48 En el estilo de Chaim Soutine, *Piece de Boeuf,* 1923

49 En el estilo de Susan Rothenberg, *Pontiac,* 1979

50 En el estilo de Francis Picabia, *Danseuse étoile sur un transatlantique,* 1913

51 Diagrama sin título

52 Diagrama sin título

53 En el estilo de William Tucker, *Gift,* 2004

54 En el estilo de Jenny Holzer, proyección en la iglesia de San Mateo, Berlín, 2001

55 En el estilo de Paul Cézanne, *La Montagne Sainte-Victoire,* 1904

56 En el estilo de Richard Serra, *Serpiente,* Bilbao, 1994–1997

57 Ilustración sin título

58 En el estilo de Edgar Degas, *Femme accoudée près d'un vase de fleurs,* 1865

59 En el estilo de Pablo Picasso, *El guitarrista,* 1910

60 Ilustración sin título

61 En el estilo de Jeff Koons, *Puppy,* Bilbao, 1992–1994

62 En el estilo de Edward Ruscha, *Paradise,* 1989

63 Diagrama sin título

64 Ilustración sin título

65 En el estilo de Claude Monet, *Les Meules,* 1890–1891

66 Boceto italiano

67 Diagrama sin título

68 Vista de Spannocchia

69 En el estilo de Morris Louis, *Alpha-Phi*, 1961

70 Diagrama sin título

71 Ilustración sin título

72 En el estilo de Tino Sehgal, *This Progress*, 2010

73 Boceto sin título

74 Ilustración sin título

75 Diagrama sin título

76 Ilustración sin título

77 Ilustración sin título

78 En el estilo de Francis Bacon, *Autorretrato*, 1969

79 En el estilo de Pipilotti Rist, *Pickelporno* (fotograma), 1992

80 En el estilo de Hans Hofmann, *Ora Pro Nobis*, 1964

81 En el estilo de Jasper Johns, *Flag*, 1954–1955

82 En el estilo de Urs Fischer, *You*, 2007

83 En el estilo de Joan Jonas, *The Shape, the Scent, the Feel of Things*, 2004- 2007

84 En el estilo de Donald Judd, *Sin título*, 1972

85 Ilustración sin título

86 Ilustración sin título

87 En el estilo de Piero della Francesca, *San Sebastiano*, 1440–1460

88 En el estilo de Barnett Newman, *Adam*, 1951

89 En el estilo de Josef Albers, *Sin título,* de *Homage to the Square*, 1969

90 En el estilo de Constantin Brancusi, *L'Oiseau dans l'espace*, 1923

91 En el estilo de Mark Rothko, *Red, Orange, Tan, and Purple*, 1954

92 Ilustración sin título

93 Estudio para cuadro sin título, 2010

94 En el estilo de Roy Lichtenstein, *Yellow and White Brushstrokes*, 1965

95 En el estilo de Eddie Adams, *Saigon Execution*, 1968

96 Ilustración sin título

97 En el estilo de Richard Prince, *Sin título (Cowboy),* 1989

98 Ilustración sin título

99 En el estilo de Pierre Bonnard, *Nu à contre-jour,* 1907

100 En el estilo de Alberto Giacometti, *L'Homme qui marche*, 1960

101 En el estilo de Vija Celmins, *Comet*, 1992

Kit White es artista y vive en Nueva York. Estudió Bellas Artes en la Universidad de Harvard y ejerce como profesor asociado en el Master of Fine Arts del Pratt Institute, en Brooklyn. Se han dedicado varias exposiciones a su obra en Nueva York y otras ciudades. Está casado con la escritora Andrea Barnet, con quien tiene una hija.